Trauerpädagogik

Reihe Praxishilfe

Band 1
Spiel- und Erlebnispädagogik für Begleitungen trauernder Kinder

Trauerpädagogik

Praxishilfe Band 1

Spiel- und Erlebnispädagogik

Hans-Georg Renner

Impressum

Bibliografische Information der Deutschen Nationalbibliothek:
Die Deutsche Nationalbibliothek verzeichnet diese Publikation in der Deutschen Nationalbibliografie;
detaillierte bibliografische Daten sind im Internet über http://dnb.dnb.de abrufbar.

© 2022 Hans-Georg Renner

Herstellung und Verlag: BoD – Books on Demand, Norderstedt

ISBN: 9783755759904

Manchmal muss man vom Weg abkommen,

um nicht auf der Strecke zu bleiben.

Inhaltsverzeichnis

Inhaltsverzeichnis II

Einführung*

Dieses Heftchen ist eine Praxishilfe für Erfahrene in der Begleitung trauender Kinder und Jugendlicher, die nach Angeboten in der Natur suchen.

Trauernde Kinder und Jugendliche wünschen sich Aufenthalte in der Natur und erlebnispädagogische Angebote, „... *weil sie unser Selbstvertrauen und auch unser Zusammengehörigkeitsgefühl steigern ...*" (2. Kinderhospizforum).

Trauernde Menschen jeden Alters suchen seit Jahrtausenden die Natur auf. An diese Tradition wollen wir wieder anknüpfen, denn in der Natur sind wir von Leben und Vergehen umgeben. Sie bietet außerdem unendliche Möglichkeiten der Selbstwahrnehmung und Selbsterfahrung, gute Grundlagen zur Stärkung des Selbstvertrauens. Die Natur berührt alle unsere Sinne durch Farben, Formen, Strukturen zum Sehen und Ertasten, Gerüche und Düfte, vielfältige Geräusche, Kälte und Wärme, unendlich viele Eindrücke, in denen jede und jeder finden kann, was gerade in ihr vorgeht, sie bewegt. Sie lädt ein zum Erkunden und Entdecken, dazu die eigene Kraft zu erproben. Wer Lebenssinn sucht, sollt mit den Sinnen beginnen.

Erlebnispädagogische Angebote in der Begleitung trauernder Kinder und Jugendlicher sollen möglichst freilassend und kreativ sein. Sie geben Impulse, die miteinander ins tun bringen, Gelegenheit uns auszudrücken, uns wahrzunehmen, uns zu unterstützen und bieten Raum für Austausch und Ausdruck.

Die Grundlage ist das Vertrauen in jedes einzelne Kind, jeden einzelnen Jugendlichen, in seine Heilungskräfte, in seinen Entwicklungsweg, dahinein, dass jede selbst am besten weiß oder zumindest spürt, was sie oder er braucht, um Erlebtes sinnvoll und bereichernd in das eigene Leben einbauen zu können. Das erfordert von uns Begleitern eine professionelle Pädagogik und die eigene tiefe Auseinandersetzung mit diesem Lebensthema. Wir müssen den Weg damit finden und gehen, um trauernden jungen Menschen einen Freiraum zur Auseinandersetzung anbieten zu können.

Unsere Grundhaltung ist ein Sich-entwickeln-lassen. Es ist nicht unsere Aufgabe zu wissen, was richtig ist. Wir wollen keine fertige Methode haben, sondern mit den Impulsen gehen, die die Gruppe und jede Einzelne darin, mitbringt. Dabei müssen wir manchmal vom Weg abkommen, um nicht auf der Strecke zu bleiben. Unsere Aufgabe ist es (Natur-) Räume und Zeit zu schaffen, in der wir als Gruppe gut aufgehoben sind: So wie wir sind und wie es uns im Moment gerade geht, mit unseren Gefühlen, Gedanken, Sorgen, Ängsten, Träumen, Hoffnungen und Sehnsüchten.

Natur und Kunst waren schon immer Möglichkeiten uns von der geistigen Welt berühren zu lassen, mit ihr in Kontakt, in Kommunikation zu kommen, elementare Weisheiten des Lebens und Sterbens zu erleben und als stimmig und sinnvoll wahr zu nehmen. Gerade auch die besondere Schönheit, die im Sterben und Vergehen liegt, kann uns in der Natur tief und unmittelbar berühren.

Darum liegt es so nah, mit trauernden Menschen in die Natur zu gehen. Sie bietet zugleich die Erfahrung von Freiheit und Geborgenheit. Die Natur zeigt den Kreislauf von Werden und Vergehen, überall und jederzeit.

Sterben und Abschied nehmen sind elementare Erfahrungen des Lebens. Die Elemente Erde, Wasser, Luft und Feuer, entsprechen in ihrem Wesen seelischen Erfahrungsqualitäten. Im Umgang mit ihnen, bieten sie eine wunderbare Basis für einen gemeinsamen kreativen und heilsamen Prozess.

Natur bietet uns Bilder und Erlebnisse, die sich ganz ohne sprachliche Interpretation vermitteln. Sie berührt uns mit allen Sinnen. So hilft sie jeder Einzelnen sich mit ihren Bedürfnissen und Lebensfragen auseinanderzusetzen und sich darin mitzuteilen.

Ein weiterer großer Wunsch trauernder Kinder und Jugendlicher ist,
„ … einfach mal spielen und Spaß in einer Gruppe gleich Betroffener zu haben …“

Deshalb sind es „nur“ Spiele“ aber für Kinder sind Spiele die natürliche Auseinandersetzung mit der Welt. Im eigenen, freien Spiel verarbeiten sie ihre Erlebnisse und Erfahrungen. Sie wandeln ihre Eindrücke in Ausdrücke, gehen damit um, gestalten mit eigenen Impulsen, erproben, wiederholen und erschaffen. Sie erleben Handlungskompetenz, Selbstständigkeit Phantasie, Kreativität, Bewegungssicherheit, Möglichkeiten sich mitzuteilen und mit anderen in Kontakt und Austausch zu kommen. Das Spiel ist aktives Zugehen auf die Welt, andere Menschen, Material und verschiedene Themen. Es ist einüben und Ausprobieren und Sicherheit gewinnen.
Somit ist Spiel die Methode in der Trauerpädagogik, die sich auf die natürliche Ausdrucksweise der Kinder einlässt.
Ihre Begleiter sind Mitspieler in ruhigen und aufwühlenden, in lauten und leisen, in sehr individuellen Spielsituationen zu zweit oder in der Gruppe.

So, nun lasst uns beide geäußerten Wünsche miteinander verbinden, in der Natur spielen und dabei jedes Kind gleichmäßig bevorzugen. Natürlich habe ich die aufgeführten Spiele nicht erfunden und im Verzeichnis findet Ihr die Quellen. Aber aus den vielen Spielen die ich kenne und die ich ausprobiert habe, sind das meine „best of the best“ in der Begleitung trauernder Kinder. Das bedeutet natürlich nicht, dass nicht auch andere Spiele und Angebote hilfreich sein können. Dieses Heftchen ist also hoffentlich eine Art Starthilfe, um von dort aus Euren eigenen Weg mit den Kindern und Jugendlichen zu gehen.

Auf bald, im Wald,
Hans-Georg

* Auszug aus:
„Erlebnisse in Zeiten der Trauer“ von Dagmar Hagmann & Hans-Georg Renner
in „Einsam und gemeinsam … sich und Menschen begegnen!“ Ziel Verlag, 2012.

Leitsatz aus der Vogelkunde:

Wenn der Vogel und das Buch nicht übereinstimmen, glaube immer dem Vogel.

Riesen – Elfen – Zauberer

Keine Vorbereitung.

Die Kinder bilden zwei Kleingruppen (KG). Die beiden KG ziehen sich zur Beratung zurück und überlegen sich zwei Figuren, eine Hauptfigur und eine Ersatzfigur. Diese Entscheidung darf die andere KG nicht mitbekommen.

Jede KG bildet dann eine Reihe. Die beiden Reihen stehen sich gegenüber und lassen eine Gasse von ca. 1-2m Breite zwischen den beiden KG.

Auf den Ausruf „Magie" der Spielleiterin, stellt jede KG ihre Hauptfigur dar. Das heißt, dass jedes Kind die Position der Spielfigur mit Geräuschen einnimmt.

Riesen
Auf die Zehenspitzen stellen, die Hände hoch strecken und brüllen

Zauberer
Leicht gebeugt einen imaginären Kochtopf mit langem Stab umrühren

Elfen
In die Knie gehen, die Arme vorstrecken und wie Elfen flüstern

Jetzt gilt es schnell die andere Gruppe zu erkennen und zu entscheiden, ob ich wegrennen oder ein Gegenüber fangen sollte.

Die Riesen fangen die Zauberer   und flüchten vor den Elfen.
Die Zauberer fangen die Elfen   und flüchten vor den Riesen.
Die Elfen fangen die Riesen   und flüchten vor den Zauberern.

Stellt beispielsweise die KG 1 Riesen dar und KG 2 die Zauberer, fangen die Riesen die Zauberer, bis zum markierten Spielrand (ca. 5 – 6 Meter von der Gasse entfernt). Erwischen Sie einen Zauberer durch leichtes abschlagen, kommt dieser mit in die KG 1. Zauberer die sich ins „Freio" (Freizone) retten konnten, bleiben in ihrer KG 2.

Sollten beide KG die gleiche Figur darstellen, umarmen sich die Kinder mit ihrem Gegenüber, weil sie sich als Freunde erkannt haben. Es beginnt direkt danach die Aufstellung für die nächste Runde mit der Ersatzfigur.

Das Spiel hat Ähnlichkeit mit dem Handspiel „Schere-Stein-Papier" oder dem Fangspiel „schwarz – weiß".

Keine Materialien

Palme, Giraffe, Elefant, Toaster, Robbe, … und eigene Ideen der Kinder …

Alle Kinder bilden einen Kreis und zunächst ist die Spielleiterin in der Mitte.
Wenn die Spielleiterin auf ein Kind zeigt und eine Figur nennt, stellt dieses Kind –
gemeinsam mit ihrem linken und rechten Nachbarn - diese Figur dar.
Die Spielleiterin in der Mitte entscheidet, ob es richtig und auch schnell genug war.
Ist sie mit einem der drei Darsteller nicht zufrieden, wechselt dieser in die Mitte und
wird zum neuen Spielleiter. Zunächst beginnt man mit der Einführung von drei
Figuren und nimmt weitere Figuren einzeln hinzu.

Palme:
Mittlere Position hebt die Arme und schwingt von links nach rechts, wie eine Palme.
Äußere Positionen halten eine imaginäre Kokosnuss unter die Palmblätter.

Giraffe:
Mittlere Position streckt die geschlossenen Arme und Handflächen zu einem
Giraffenhals
Äußere Positionen gehen in die Hocke und bilden so die Hinterbeine.

Elefant:
Mittlere Position streckt einen Arm und führt den anderen darum zur Nase, so dass
ein Rüssel entsteht.
Äußere Positionen bilden mit zwei Händen ein Elefantenohr.

Toaster:
Mittlere Position springt hoch – geht in die Hocke – springt wieder hoch, wie ein fertiger
Toast.
Äußere Positionen drehen sich zueinander und reichen sich die gestreckten Hände,
eine vor und eine Hand hinter dem springenden „Toast".

Robbe
Mittlere Position macht laute Robbengeräusche „UIK, UIK, UIK!"
Äußere Positionen bilden mit den Armen eine Flosse und wedeln mit ihrer Flosse.

Hinweise
Einige Kinder haben zunächst Scheu Robbengeräusche zu machen, deshalb sollte die
Spielleiterin damit beginnen.

Es ist sehr lustig und überraschend, wenn man die Kinder nach ihren Ideen fragt.

Zunächst stellt man 3 Figuren vor und dann wird immer nur eine Figur
hinzugenommen, weil es sonst überfordernd sein kann.

Gruppenjonglage

Die Kinder stehen im Kreis. Die Spielleiterin wirft einen Ball zu einem Kind und ruft dabei auch ihren Namen.
Dieses Kind wirft den Ball weiter zu einem anderen Kind und ruft ebenfalls dabei ihren Namen.
Jedes Kind merkt sich, von wem es den Ball bekommen hat und an wen es ihn weiter geworfen hat, denn es wird immer die gleiche Reihenfolge eingehalten.

Es werden mehrere Durchgänge gespielt und dann kommt die Aufforderung, den Kreis aufzulösen und sich wild durcheinander zu bewegen.
Dabei soll der Ball aber weiterhin in der gleichen Reihenfolge zugeworfen werden.

Nach und nach bringt die Spielleiterin weitere Bälle ins Spiel um das Chaos komplett zu machen.

Die Reihenfolge kann dabei auch einmal komplett umgedreht werden, so dass das Kind den Ball von dem Kind bekommt, der es den Ball bisher immer zugeworfen hat.

Materialien: Bälle

Waschanlage

Die Kinder bilden eine Gasse, eine imaginäre Waschstraße. Ein Kind stellt sich an den Anfang der Gasse. Es sagt, was für ein Auto sie darstellt und ob sie leicht oder stark verschmutzt ist.

Dann geht sie langsam durch die Gasse. Die Kinder, die die Gasse bilden, waschen nun das Auto. Sie imitieren Waschbürsten, Lederstreifen, Heißluft usw.

Je nachdem, ob das Auto leicht oder stark verschmutzt war, wird es leichter oder fester abgerubbelt usw.

Vor dem ersten Durchlauf sollte mit den Kindern in der Waschstraße einmal durchgesprochen und geübt werden, was und vor allem, wie sie es darstellen. Beispielsweise „Wassertropfen" zu Beginn und „Lederlappen" zum Ende.

Wenn das Kind / „Auto" gewaschen wurde, tauscht es den Platz mit einem Kind in der Waschstraße, so dass jede die möchte, sich einmal „Waschen" lassen kann.

Pferderennen

Die Kinder bilden einen sehr engen Kreis und verwandeln sich gedanklich in Rennpferde auf einer Pferderennbahn. Die Spielleiterin gibt die verschiedenen Aktionen und Hindernisse vor, die jetzt auf die Pferde auf dem Parcours warten:

Start:
Alle laufen auf der Stelle

Links- oder Rechtskurve:
Alle laufen weiter auf der Stelle und lehnen sich leicht nach links oder rechts.

Oxer und Doppeloxer:
Alle springen einmal oder zweimal hoch.

Wassergraben:
Alle machen einen großen Ausfallschritt.

Schlusssprint:
Alle laufen so schnell sie können, auf der Stelle

Fotofinish:
Alle machen einen großen Schritt in die Mitte und lächeln in die Kamera.

Hallo, wie geht es Dir?

Die Kinder stehen, bis auf ein Kind, in einem Kreis. Dieses Kind geht außen um den Kreis und tippt einem anderem Kind auf die Schulter.

Nun läuft es schnell um den Kreis, um nach der Runde in diese freie Lücke zu gelangen. Das angetippte Kind läuft ebenfalls schnell, aber in die andere Richtung um den Kreis, um sich wieder an seinen Platz stellen zu können.

Irgendwo bei der Umrundung des Kreises, werden sich die Beiden begegnen. Dann schütteln sie sich die Hände und sagen dreimal „Hallo, wie geht es Dir?". Erst danach dürfen sie ihre Hände lösen und weiterlaufen.

Wer zuerst den freien Platz erreicht, darf dort stehen bleiben. Das andere Kind geht nun um den Kreis und tippt einem Kind auf die Schulter ...

Wie immer ist auch hier die Regel, wenn das Kind keine Lust mehr hat, darf es fragen „Wer geht für mich um den Kreis?".

Genauso freudvoll, aber entspannender für den Einzelnen, kann es sein, wenn ihr es paarweise spielt.

Impulse

Die Kinder bilden zwei gleichgroße Gruppen und setzen sich in der Kleingruppe gegenüber auf, so dass eine Gasse entsteht.

Die Kinder sitzen so eng wie möglich auf dem Waldboden zusammen und halten sich an den Händen. Die Spielleiterin legt an einem Ende der Gasse beispielsweise 12 Tannenzapfen bereit und geht dann zum anderen Ende der Gasse und setzt sich direkt vor den beiden „ersten" Kindern.

Die Spielaufgabe für die beiden Gruppen wird es gleich sein, möglichst schnell einen Tannenzapfen durch die eigene Reihe weiterzugeben, vom Stapel am Ende der Gasse bis nach vorne zur Spielleiterin.

Die Spielleiterin wirft nun eine Münze hoch. Bei „Kopf" passiert nichts. Bei „Zahl" drücken die beiden Kinder am Anfang der Gasse die Hand ihrer Nachbarin.

Dieser Handimpuls soll nun schnellstmöglich durch die Gruppe geschickt werden. Spürt das letzte Kind in der Reihe diesen Impuls, greift es einen Tannenzapfen und gibt ihn seiner Nachbarin, die ihn schnell weitergibt.

Die Gruppe, die zuerst einen Tannenzapfen bei der Spielleiterin anliefert, bekommt beide Tannenzapfen auf ihre Seite.

Jetzt wechselt das erste Kind zum Ende der Reihe, so dass jedes Kind einmal auf jeder Position ist. Am Ende wird geschaut in welchem Depot die meisten Tannenzapfen liegen.

Gibt ein Kind einen Handimpuls bei „Kopf", bekommt die andere Gruppe den Tannenzapfen, da nur „Zahl" als Startimpuls gilt.

Varianten

Mit geschlossenen Augen spielen.
Stumm spielen.

Materialien: 4 Gegenstände mehr, als Kinder mitspielen

Eichhörnchen – Fuchs – Fledermaus

Die Kinder bilden mit der Spielleiterin einen Kreis. Die Spielleiterin gibt ein Eichhörnchen-Stofftier ihrer rechten Nachbarin. Diese gibt das Eichhörnchen weiter, bis es wieder bei der Spielleiterin angekommen ist.

Die Spielleiterin gibt das Eichhörnchen wieder auf die Reise und wenn es die Hälfte des Kreises umrundet hat, ein Fuchs-Stofftier in die gleiche Richtung auf die Reise.

Kann der Fuchs das Eichhörnchen einholen?

Variante:

Noch spannender wird es, wenn die Spielleiterin nach dem Fuchs einem gegenüber stehendem Kind ein Fledermaus-Stofftier zuwirft. Diese Fledermaus darf nicht weitergegeben werden, sondern nur geworfen und kann nun auch versuchen, das Eichhörnchen zu fangen.

Materialien: 3 Stofftiere (Eichhörnchen, Fuchs, Fledermaus)
              oder 3 verschieden farbige Bälle, o.ä.

Gordischer Knoten

Die Kinder bilden einen ganz engen Knubbel und schließen ihre Augen.
Dann strecken sie ihre Hände über die Köpfe, so dass die Hände alle ganz nah zusammen sind. Jedes Kind greift nun mit jeweils einer Hand eine fremde andere Hand. Wenn jede Hand eine Partnerhand gefunden hat und festhält, werden die Augen wieder geöffnet.

Nun versuchen die Kinder so weit wie möglich Abstand untereinander zu bekommen, der durch die Handverbindungen nicht sehr groß sein wird. Sie können nun diesen „Gordischen Knoten" lösen, das heißt einen großen geschlossenen Kreis bilden, ohne allerdings die Hände dabei zu lösen. Also durch Drehen, Über- oder Untersteigen ...

Hinweis:

Der Knoten lässt sich meist wieder lösen, so dass die Gruppe am Ende in einem großen Kreis steht, manchmal auch in zwei Kreisen. Die Spielleiterin kann bei einem ganz verzwickten Knoten gegen Ende auch eine Knotenhilfe zulassen, das heißt, dass zwei Hände kurz gelöst werden, um ein Kind durch zu lassen.

Namensduell

Plane/Decke bereitlegen.

Die Spielleiterin und eine Helferin oder zwei Kinder, halten eine Plane/Decke wie eine Wand und die anderen Kinder verteilen sich je zur Hälfte auf eine der beiden Seiten.

Die beiden Kleingruppen (KG) dürfen sich nun nicht mehr sehen können. Eventuell müssen sie dazu in die Hocke, da zwei Kinder die Plane nicht so hochhalten können.

Aus jeder KG schleicht ein Kind nahe an die Plane. Die andere KG darf nicht mitbekommen, welches Kind es ist. Also muss die Kleingruppe durch zeigen oder sehr leises flüstern ein Kind auswählen und nicht ihren Namen laut sagen.

Die beiden „Planenhalter" zählen gemeinsam bis drei und lassen die Plane dann schnell herunter.

Jetzt können sich die beiden „Anschleicher" erstmals direkt ansehen. Jede ruft sofort den Namen ihres Gegenübers. Die, die zuerst den richtigen Namen gerufen hat, hat für ihre Gruppe einen Punkt erzielt.

Die Plane wird wieder hochgehoben und nun wird die Position ganz dicht bei der Plane wieder heimlich ausgetauscht und ein neues Duell kann beginnen.

Variante:
Das Kind, dass das Duell verloren hat, wechselt in die KG der Siegerin.

Hinweise:
Zunächst nicht das rein rufen der anderen Kinder aus den KG erlauben. Erst nach gemeinsamer Rücksprache solltet Ihr diese Variante spielen.

Als Spielleitung kann ich ein Ende der Plane mit einem Seil an einem Baum befestigen und die andere Seite selbst halten. So können alle mitspielen und ich kann die Plane alleine fallen lassen.

Materialien: Plane/Decke; Seil um das andere Ende festzubinden

Zing – Zang – Zong

Keine Vorbereitung.

Die Kinder sitzen oder stehen im Kreis. Ein Kind zeigt auf ein anders Kind und ruft dabei „Zing!".

Dieser Kind zeigt nun entweder auf ihre linke oder rechte Nachbarin, in dem sie den Zeigefinger unter ihr Kinn in diese Richtung hält und ruft „Zang!".

Die ausgewählte Nachbarin legt nun ihren Zeigefinger vor die Stirne und zeigt damit zurück auf ihre Nachbarin, und ruft „Zong!".

Das nun wieder angespielte Kind zeigt direkt auf ein anderes Kind und ruft „Zing!" …

damit die Runde wieder schnell neu und weitergeführt wird, soll dies also möglichst rasch geschehen.

Nach einigen Runden zum Aufwärmen könnt Ihr das Spiel im Wettkampfmodus spielen, das heißt, wer zu spät reagiert scheidet aus.

Die Ausgeschiedenen können als Geister um die Gruppe herumgehen und die übriggebliebenen „Meister der Konzentration" die weiterspielen, durch Geräusche abzulenken versuchen.

Variante

Das Kind, das als Nachbarin mit „Zang" angespielt wurde, kann entscheiden, ob es mit „Zing" wie gewohnt zurückspielt – oder den Finger in die andere Richtung hält und ihre andere Nachbarin anspielt. Diese neu angespielte Nachbarin auf der anderen Seite, sagt dann „Zing" und zeigt auf ein anderes Kind im Kreis.

Sandmännchen

Einen Zettel für jedes Kind vorbereiten.

Die Kinder bewegen sich in einem Gebiet, in Schulklassengröße. Jedes Kind erhält einen Zettel, den es sich verdeckt anschaut. Auf einem Zettel steht ein „S" für „Sandmännchen", was aber niemand erfahren darf, weil es gleich unerkannt agieren wird.

Alle Kinder bewegen sich die ganze Zeit einzeln und ganz durcheinander durch das Gebiet.

Das Sandmännchen hat nun die Aufgabe, die anderen Kinder in den Schlaf zu bringen, ohne dabei entdeckt zu werden.

Dies kann es durch zuzwinkern erreichen. Hat es einem Kind zugezwinkert, verfällt dieses aber erst nach fünf Sekunden! in einen Tiefschlaf. Es kann im Stehen „einschlafen" und die Augen schließen oder auch auf den Boden hinab gleiten.

Wenn sich zwei wache Kinder melden und sagen, sie haben einen Verdacht, wer das Sandmännchen ist, hält die Spielleiterin das Spiel kurz an.

Erst dann zeigen die beiden Kinder stumm auf das Kind, dass sie für das Sandmännchen halten.

Zeigen sie auf zwei verschiedene Kinder, versinken sie augenblicklich in Tiefschlaf. Zeigen sie Beide auf ein Kind, fragt die Spielleiterin dieses, ob sie das Sandmännchen ist. Ist sie entdeckt, kann eine neue Runde beginnen. Ist sie es nicht, fallen auch diese beiden Kinder in den Tiefschlaf und die Suche geht weiter.

Für das Sandmännchen ist es hilfreich, wenn das angeblinzelte Kind nicht direkt, sondern erst nach 5 Sekunden in den Schlaf fällt, weil es sonst zu leicht zu entdecken ist.

Ebenso ist es hilfreich, dass die Kinder keine Paare oder Gruppe bilden, sondern etwas Abstand halten, weil sonst auch dann das Sandmännchen zu leicht entdeckt werden kann.

Für ältere Kinder kann der Titel „Sandmännchen" gegen „Agent, Ninja oder ähnliches" getauscht werden.

Teamsitz

Boden kontrollieren.

Alle Kinder, außer Kinder mit Knie- oder Rückenbeschwerden, bilden einen Kreis.

Dann drehen sich alle eine Viertel-Drehung nach rechts, so dass alle auf einen Rücken schauen.

Nun setzen alle mit dem linken Fuß kleine Schritte zur Kreismitte, bis der Kreis so klein ist, dass sich immer die Fersen und Fußspitzen der Kinder berühren.

Nun faßt jede die Hüfte ihrer Vorderfrau und auf ein Zeichen, gehen alle in die Hocke und setzen sich auf die Knie der Hinterfrau.

Es ist unterstützend wenn jedes Kind das Kind vor sich, an der Hüfte fassend, auf die eigenen Knie zieht – und gleichzeitig in die Hocke geht, um selbst auf die Knie hinter sich gezogen werden zu können.

Die gesamte Gruppe sollte dann sitzen. Manchmal braucht es mehrere Versuche.

Variante:

Die Kinder strecken den linken Arm in die Kreismitte und greifen einen anderen freien Arm, um den Kreis zu stabilisieren.

Jetzt kann die Gruppe versuchen im Kreis zu gehen, indem es immer gleichzeitig einen Fuß nach vorne setzt („Rechts", „Links").

Hinweise

Es kann vorkommen, dass manche Kinder sich nicht richtig auf den Knien absetzen und ziemlich viel Gewicht mit ihren Oberschenkeln halten. Deshalb sollte es einige Versuche geben, bevor die Gruppe die Variante des Laufens ausprobiert.

Da die Gruppe auf den Boden plumpsen kann, sollte dieser frei von Wurzelresten etc. sein.

Seilschloß

Seil anbinden.

Die Spielleiterin befestigt in Bauchhöhe ein Seil an einem Baum. Mit dem anderen Seilende stellt sie sich ca. 6m entfernt vom Baum. Das Seil liegt dabei locker auf dem Boden.

Alle Kinder stehen auf der linken Seite von ihr und dem Seil. Die Spielleiterin dreht das Seil und die Kinder versuchen durch das schwingende Seil auf die andere Seite kommen, ohne das Seil zu berühren.

Allerdings gibt es dazu vorher eine Vorgabe. Die Vorgabe ist, dass dieses Seil ein imaginäres Zahlenschloss ist und die Gruppe soll die Kombination durch durchlaufen herausfinden.

Wenn beispielsweise die von der Leiterin ausgedachte Zahlenkombination 3-4-5 ist, dann sollten im ersten Durchgang 3 Kinder gleichzeitig durchlaufen, im zweiten Durchlauf 4 Kinder und im letzten Durchgang 5 Kinder.

Probieren nun im ersten Durchlauf beispielsweise 6 Kinder unter das Seil durchzulaufen, dann müssen danach alle wieder auf die andere Seite zurück, weil dies nicht die richtige Anzahl war. Erst wenn genau 3 Kinder durchlaufen, ist der erste Durchgang erfüllt, die richtige Zahl „körperlich erraten" und erst dann kann die nächste Zahl probiert werden.

Es empfiehlt sich, die Zahlenkombination so zu wählen, dass alle Kinder einmal durchlaufen können, das heißt zusammen addiert die Gruppengröße ergibt.

Kann oder möchte ein Kind nicht durchlaufen, kann sie auch das Seil auf der anderen Seite schwingen, statt der Befestigung an einem Baum.

Das Spiel kann als Einstieg in den Wald dienen und in eine Geschichte eingebettet sein.
„Die Waldgeister haben den Wald mit einem Bann belegt, wenn wir die Zahlenkombination nicht herausfinden, werden sich alle Blumen und Tiere vor uns verstecken. Aber wenn wir die Lösung finden, dann wird sich der Wald in seiner ganzen Schönheit präsentieren und uns auf unserem Weg unterstützen."

Materialien: 1x 10m langes Seil

String Ball

Die Spielleiterin steckt zwei Stöcke im Abstand von zehn Metern in die Erde. Auf beiden Stöcke muss der Schaumstoffball liegen können (eventuell mit dem Messer einkerben).

Über den ersten Stock wird locker ein Seil- oder Gummiring gelegt (aus festem handelsüblichem Gummi). An diesen Ring werden acht Schnüren befestigt. Die Schnüre werden in gleichmäßigen Abständen angebracht, so dass es wie eine „Seilsonne" aussieht. Die Schnüre sind 2m lang („Sonnenstrahlen"). Dann wird ein Schaumstoffball auf diesen ersten Stock gelegt. Der Ball muss etwas breiter als der Stock sein.

Die Kinder haben nun die Aufgabe den Ball von der Spitze des ersten Stocks auf die Spitze des zweiten Stocks zu transportieren.

Dabei darf der Ball nicht den Boden berühren, es dürfen nur die Enden der Schüre angefasst werden und niemand darf näher als 2m an den Ball herangehen.

Mittels der Schnüre kann die Gruppe den Ring vorsichtig anheben. Dazu ist es wichtig, dass der Ring locker über den ersten Stock gleiten kann, ohne in direktem Kontakt mit dem Stock zu sein.

Wenn der Ring soweit angehoben wurde, dass die Stockspitze erreicht ist, kann die Gruppe mit dem Ring langsam den Ball anheben. Sie muss nun gemeinsam den „Balltransport" auf dem Ring ausbalancieren, um damit zum zweiten Stock zu gehen.

Dann wird der Ring mit dem Ball über den zweiten Stock positioniert. Langsam wird nun der Ring über den zweiten Stock und Richtung Boden gebracht, so dass der Ball dann somit auf dem zweiten Stock abgelegt wird.

Varianten:
Die Kinder, die eine Schnur anfassen, müssen die Augen schließen.
Bei kleinen Gruppen dürfen zwei Schüre gehalten werden.
Es kann ein Zeitlimit für die Durchführung gegeben werden.
Im Winter können wir statt des Schaumstoffballs einen Schneeball nehmen.

Materialien: 2 Stöcke, Gummiring, 8 Schnüre, Schaumstoffball, Messer

String Ball

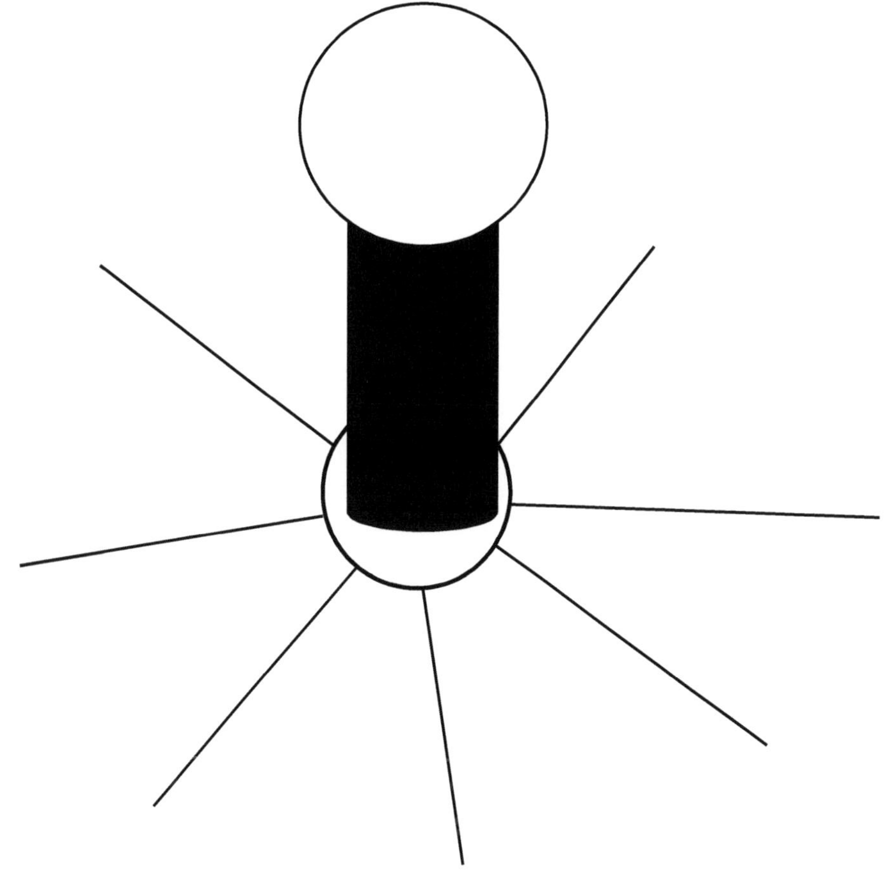

Labyrinthe

Die Spielleiterin malt ein Labyrinth (6x7 Felder) auf den Boden.

Die Kinder stehen alle auf einer Seite mit 6 Feldern und sollen nun den Weg durch das Labyrinth auf die andere Seite finden.

Dabei erhalten die Kinder 12 Gegenstände (bspw. Tannenzapfen), die sie alle auf dem geheimen Weg durch das Labyrinth auf die andere Seite transportieren sollen.

Dazu gibt es folgende Regeln:

Nur ein Kind darf sich im Labyrinth aufhalten und alle anderen Kinder müssen hinter der Startlinie bleiben. Steht ein Kind beispielsweise neben dem Labyrinth, muss die Gruppe einen Gegenstand an die Spielleiterin abgeben.

Die Kinder müssen immer eine gleiche Reihenfolge einhalten, bei den Versuchen oder beim Durchgang durch das Labyrinth (bspw. alphabetisch). Bei einer abweichenden Reihenfolge muss die Gruppe einen Gegenstand abgeben.

Das Kind geht ein Feld vor und wartet dann erst auf die Rückmeldung der Spielleiterin, ob dieses Feld richtig ist. Gehört dieses Feld zum geheimen Weg, darf es das nächste anliegende Feld ausprobieren.

Gehört ein ausprobiertes Feld nicht zum geheimen Weg, muss das Kind das Labyrinth auf dem gleichen Weg verlassen, wie es reingekommen ist. Wählt es einen anderen Weg, muss die Gruppe einen Gegenstand abgeben.

Betritt ein Kind ein Feld, dass schon als ungültig erkannt wurde, muss die Gruppe einen Gegenstand abgeben.

Nur ein angrenzendes Feld, darf als Nächstes betreten werden (vorwärts, rückwärts, seitwärts, diagonal). Wird ein Feld mit dem Fuß berührt, gilt dies als ausgeführter Schritt.

Die Kinder können sich zunächst beraten, nach dem ersten Schritt (Spielbeginn!) dürfen sie nicht mehr miteinander reden. Bei einem Verstoß müssen sie einen Gegenstand abgeben.

Wie viele Gegenstände bekommt die Gruppe auf die andere Seite?

Variationen:

Jüngere Kinder dürfen die ganze Zeit über miteinander sprechen.

Die Spielleiterin setzt ein Zeitlimit für das Spiel.

Die Kinder gehen als Paar durch das Labyrinth (Zwillingstour).

Materialien: Plan und Stift für die Leiterin, 12 Gegenstände (Tannenzapfen),
Kreide oder spitzer Stock für das Einzeichnen auf einem Waldboden

Hinweise:

Die Beobachtung erfordert Konzentration. Die Spielleiterin darf ihren Plan mit dem Lösungsweg vorher nicht zeigen. Mit dem Stift markiert sie die ausprobierten Felder um nachhalten zu können, welche Felder schon ausprobiert wurden.

Wie bei allen Spielen, wo die Kinder eine Zeitlang nicht sprechen dürfen, brauchen sie nach dem Spiel erst einmal etwas Zeit um „Luft" abzulassen und sich auszutauschen.

Unterläuft der Spielleiterin ein Fehler, bekommt die Gruppe selbstverständlich auch einen Gegenstand.

Möglicher Lösungsweg:

Start

			X		
		X			
	X			X	
		X	X		X
					X
			X	X	
			X		

Ziel

Teambalken

Vorbereitung: Liegenden Baumstamm finden.

Alle Kinder stellen sich auf den liegenden Baumstamm.

Ohne abzusteigen wechseln die Kinder die Plätze, um sich alphabetisch zu sortieren.

Das bedeutet, dass die Kinder am Ende von links nach rechts nach Ihren Vornamen sortiert auf dem Baumstamm stehen.

Sollte ein Kind absteigen müssen, weil es zu wackelig auf dem Stamm wurde, könnte die Gruppe eine erschwerte Bedingung bekommen. Zum Beispiel, dass zwei Kinder nun die Augen schließen müssen.

Es kommt vor, dass einzelne Kinder direkt beginnen und sich nicht in der Gruppe absprechen. Aber am Leichtesten ist es, wenn die Gruppe sich gegenseitig stabilisiert und sie gemeinsam ihren Lösungsweg abstimmt.

Beispielsweise gehen Einzelne um andere herum, während die ganze Gruppe sich durch festhalten stabilisiert oder ein Kind steigt über ein anderes Kind, dass in die Hocke geht, bis es an ihrem Platz ist.

Anschließend sagen alle laut der Reihe nach ihren Namen, um die Reihenfolge zu prüfen, ein spannender Moment.

Hinweis:
Bei Regen kann der Stamm sehr rutschig sein und dann ist das Spiel auf einem Baumstamm nicht möglich.

Variante (im Regen):
Die Gruppe steht auf dem Waldboden und bildet mit geschlossenen Augen eine Reihe, beispielsweise nach Geburtstagen im Jahreslauf (vom 01.01. – 31.12.).

Eine tolle Freundin

In Kleingruppen gestalten die Kinder „eine tolle Freundin".

Ein Kind aus der Kleingruppe wird zum Modell an dem die ausgesuchten Naturmaterialien befestigt werden. Für jede Fähigkeit die sich die Kinder wünschen, suchen die Kinder einen symbolischen Gegenstand. Beispielsweise für die Fähigkeit einfach mal ruhig zuhören zu können, ein Stück Baumrinde.

Das bedeutet, dass sich die Kinder in den KG zunächst darüber austauschen, welche Fähigkeiten sind ihnen wichtig sind und welche Gegenstände dies symbolisieren könnten.

Im Anschluss präsentieren die KG ihre „tolle Freundin" und erläutern die Symbole und Fähigkeiten.

Den Kindern wird bewusst, was sie sich gerade an Unterstützung wünschen. Die Trauerbegleiterinnen erfahren dies Bedürfnisse und Wünsche. Sie können die Kinder unterstützen, wo und mit wen sie sich ihre Bedürfnisse erfüllen könnten und sie können in der weiteren Begleitung selbst darauf eingehen.

(In der Fortbildung heißt dieses Angebot „Optimale Trauerbegleiterin".)

Irrgarten (der Trauer)

Seile binden.

Die Spielleiterin bindet in Hüfthöhe Seile von Baum zu Baum. Aber nicht in einer Linie, sondern so dass ein Irrgarten entsteht. Das bedeutet, dass es einige Sackgassen gibt, Rundwege, aber auch einen Ausgang.

Die Kinder dürfen den Aufbau nicht sehen können und werden mit geschlossenen Augen zum Eingang geführt. Sie können nun versuchen, indem sie immer eine Hand am Seil haben, den Ausgang zu finden.

Wenn die Kinder möchten, können sie auch Hilfe von Beraterinnen einfordern. Ein oder zwei Kinder (vielleicht Kinder die keine Augenbinde anziehen möchten) stehen im Labyrinth als Beraterinnen zur Verfügung. Sie geben kleinere oder größere Hinweise, um den Ausgang erreichen zu können.

Variante 1:
An den Sackgassen sind am Ende Symbole für Trauergefühle
(Zum Beispiel ein schwerer Stein für das „Schwere", oder Wasser für die Tränen).
Die Kinder werden erleben, dass sie immer wieder an diese Stationen gelangen (Traueraufgaben), aber es auch noch weitere Wege gibt.

Variante 2: Mit der Gruppe kann man auch absprechen, ob die Beraterin neben Hinweisen auch „gutgemeinte, aber wenig hilfreiche Ratschläge" geben soll.
Zum Beispiel: „Du willst raus? Ja, ja, da muss jeder von uns durch" und andere „Ratschläge" die sie nicht mehr hören möchten.

Nach dem Spiel werden zuerst die „aktiven" Kinder nach Ihren Erfahrungen gefragt und dann die Beraterin.

Das Spiel ist ein guter Gesprächsanlass/Türöffner um sich über erhaltene Ratschläge austauschen zu können und wie die Einzelnen damit umgehen oder umgegangen sind. Gemeinsam können auch zukünftige Strategien besprochen werden.

Materialien: Viele Seile und Augenbinden.

Sehr aufwendig in der Vorbereitung.

Ab in den Wald

Der Weg in den Wald ist ganz oft auch schon ein eigener Programmpunkt, weil „zufällig" Kinder auf dem Weg zusammenfinden und sich über Inhalte austauschen, die sie in Gegenwart eines Erwachsenen nicht immer zu benennen würden. Der Weg bietet ihnen also einen weiteren Raum.

Es ist auch möglich die Kinder stärker für die Natur zu sensibilisieren und auf dem Weg in den Wald verschieden Dinge zu entdecken. Zum Beispiel: 4 Dinge die sehr spitz sind, 4 Dinge die sich sehr weich anfühlen, 4 Dinge die unterschiedlich duften usw.

Robin Hood und Lady Marian

Bei „Robin Hood und Lady Marian" wird die Gruppe allerdings mit geschlossenen Augen in den Wald geführt, wo dann die Spiele gespielt werden. Diese Einführung erhöht den Reiz für die Kinder. Ein absoluter Schutzraum für die Kinder, denn ähnlich wie in der Sage von Robin Hood, werden nur Eingeweihte von diesem Ort wissen.

Die Kinder können eine Reihe bilden, so dass jedes Kind eine Hand auf die Schulter des Kindes vor ihr legt. Die Kinder können sich aber auch selbstständig bewegen und werden von der Spielleiterin durch Geräusche geführt. Das bedeutet, dass die Spielleiterin zwei Stöcke zusammen klopft und die Kinder hören müssen, woher das Geräusch kam, weil es in diese Richtung weitergeht.

Hüttenbau

Der Bau einer Hütte ist fast immer ein gutes Angebot, weil sich alle beteiligen können, etwas gemeinsam erschaffen, einen Lebensraum aneignen, es viele kreative Räume eröffnet und man immer wieder weiter damit spielen kann. Es dient später gerne auch als Basis, von der andere Spiele beginnen, oder als Pausen- oder Rückzugsraum.

Bei einem erschwerten Trauerprozess in einer 1zu1-Begleitung, bietet es eine sehr gute Möglichkeit über das gemeinsame Tun in Kontakt zu kommen.

Gruppensymbol

Schnitzen von einem Anhänger, auch gerne als „Gruppensymbol" bei Gruppen mit mehreren Treffen.

Schatzkiste

Zu Beginn füllen die Kinder eine Schatzkiste. Das bedeutet, dass sie auf einen Zettel schreiben, was für sie wichtig ist (vielleicht Mut oder andere Werte). Diese Schatzkiste wird dann durch alle Spiele/Aufgaben mitgenommen. Am Ende wird geschaut, ob wir auch alle Schätze retten konnten und vielleicht sogar zwischendurch einmal genutzt haben.

Materialien: Schatzkiste, Zettel, Stifte

Schatzhüterin

Ein Kind sitzt auf dem Waldboden und schließt ihre Augen. Zu ihren Beinen liegt die Schatzkiste der Gruppe oder ein anderer Schatz (z. Bsp. Tannenzapfen).

Die anderen Kinder stehen in einem großen Kreis und einem Abstand von ca. 10m um sie herum. Nun schleicht sich immer nur ein Kind an die Schatzhüterin heran.

Hört die Schatzhüterin ein Geräusch zeigt sie in diese Richtung. Hat sich von dort ein Kind angeschlichen, muss dieses wieder zum Startpunkt zurück.

Gelingt es der Schatzhüterin ihren Schatz für max. 5 Minuten zu bewachen?

Sonnen-Mandala

Die Spielleiterin steckt einen Stock in den Waldboden. Daran befestigt sie ein 2m langes Seil. Am anderen Ende des Seils befestigt sie ebenfalls einen Stock (2). Mit diesem Stock (2) zieht sie das Seil straff und hält diese Spannung. So gespannt läuft sie mit diesem Stock (2) um den ersten Stock herum und zieht so eine Kreislinie auf dem Boden. Mit dem Stock wird der Kreis durch ritzen in den Boden, in so viele Felder aufgeteilt, wie Kinder mitmachen.

Jedes Kind kann sein Gebiet mit Gegenständen aus der Natur gestalten, zum Beispiel als Gruß an den Gestorbenen, an die Lebenden oder an sich selbst. Am Ende hat die Gruppe den Kreis gemeinsam gestaltet.

Bei der Wortwahl kann auch der Kreis durch Sonne ersetzt werden und jedes Kind bekommt seinen Sonnenstrahl. Zum Abschluss werden alle Sonnenstrahlen vorgestellt und gewürdigt.

In der nächsten Woche können die Kinder ihre Sonnenstrahlen wieder besuchen und feststellen, wie der Lauf der Natur die Dinge verändert.

Materialien: Seil und zwei Stöcke

Lehmfiguren

Mit Lehm aus dem Wald, oder mitgebrachtem Lehm, können an Baumrinden, liegenden Stämmen, Steinen usw. schöne Lehmgesichter und andere Kunstwerke hergestellt werden.

Manche Kinder gestalten auch einen „Gruß an den Verstorbenen", oder „Wächter, Trolle, Waldgeister, Schutzengel, etc.", die auf den Spielort aufpassen sollen.

Auf größeren Rindenstücken können auch Lehmbilder gestaltet und mit nach Hause genommen werden.

Wie alle gestalteten Dinge können sie ein Geschenk für sich, für Geschwister, Eltern, Zusatzeltern, Großeltern und Zugehörige oder ein Grabschmuck sein.

Materialien: Lehm, falls es den in diesem Waldstück nicht gibt

Bilderrahmen

Die Kinder bringen ein Foto mit, für das sie einen Rahmen aus Naturmaterialien gestalten möchten.

Es bietet sich an, zunächst aus Stöckchen einen Rahmen in der passenden Größe zusammen zu knoten.

Mit der Schnur können nun weitere Gegenstände befestigt werden. Es ist aber auch möglich ein „Spinnennetz" zwischen den Stöcken zu Knoten, damit man zum Beispiel schöne Blätter einfügen kann. Um Naturgegenstände am Rahmen zu befestigen, nutzen die Kinder am günstigsten einen Kleber.

Im Winter muss die Spielleiterin darauf achten, einen Kleber bereit zu stellen, der auch bei kalten Temperaturen klebt.

Materialien: Schnüre, Messer, Säge, Kleber

Kerzen ziehen

Es gibt praktischen „Kerzen-selber-machen-Sets" und auch „Wachs zum Kerzen Verzieren" fertig zu kaufen.

Im Wald braucht ihr dann noch einen gasbetriebenen Campingkocher. Ich gehe davon aus, dass ihr dieses Angebot im Winter anbietet - achtet aber bitte dennoch auf eine sichere Durchführung. Oft kann man von der Gemeinde einen Grillplatz mieten, damit keine Waldbrandgefahr entstehen kann.

Schuldstein

Sicher ein Klassiker in der Begleitung trauender Menschen und im Wald lassen sich natürlich auch sehr gut Schuldsteine gestalten. Möglicherweise sogar Felsbrocken, wenn das Bedürfnis besteht.

Materialien: Farben, Pinsel

Kunstausstellung Natur Art

In einem schönen und etwas ruhigeren Waldstück können die Kinder ein Kunstwerk erschaffen. Sie können alle Materialien, die sie in der Natur finden nutzen. Wenn die Kunstwerke fertig sind, gibt es eine Kunstausstellung, wo die einzelnen Kunstwerke vorgestellt werden.

Die Kinder sollten schon einige Zeit im Wald sein und zunähst zur Ruhe kommen. Jedes Kind sollte sich die Zeit nehmen zu überlegen, was sie mit ihrem Kunstwerk darstellen oder ausdrücken möchte (Beispiel „Gestorbene Sonne"). Oder ob sie das Kunstwerk für einen besonderen Menschen anfertigen möchte (Beispiel „Gruß an den gestorbenen Bruder").

Die Kunstwerke brauchen nicht transportabel sein, sondern können in die Landschaft eingefügt werden (was viel häufiger gewählt wird). Es ist hilfreich, wenn die Künstlerinnen etwas Abstand voneinander haben, um in Ruhe arbeiten zu können.

Wenn die Gruppe wieder zusammenkommt und sich nach und nach die Kunstwerke anschaut, kann die Künstlerin zu ihrem Kunstwerk befragt werden. Auch hier gilt, fragen darf man alles, aber man muss nicht jede Frage beantworten.

Erinnerungsbretter

Die Kinder können sich ein Erinnerungsbrett gestalten. Dass können sie für sich zu Hause gestalten, für eine Unfallstelle oder für ein Grab.

Sie suchen sich im Wald ein größeres Stück Baumrinde, ein schönes Holz oder einen Ast.

Totenbretter wurden früher zur Erinnerung an den Verstorbenen am Wegrand aufgestellt. Sie waren von 30cm bis zu 2m lang und bunt bemalt. Zum Teil wurden sie auch auf Gräbern aufgestellt oder als allgemeine Gedenkbretter an den Tod aufgestellt, und dann mit Gedichten oder Weisheiten zum Tod versehen.

Materialien: Säge, Messer, Farben, Pinsel, Kreide

Sack schlagen

Die Kinder befüllen Beutel mit Laub und pressen so viel hinein wie sie können. Dann werden die Beutel zugebunden. Eingebettet in einer Rittergeschichte können die Kinder damit gegen imaginäre andere Ritter und Schildmägde kämpfen, indem sie gegen die Bäume schlagen.
Sie können so ihre Gefühle von Wut abarbeiten, als auch sich stark fühlen und ihre Kräfte spüren.

Ein Spiel für den Herbst.

Materialien: Stoffbeutel für jedes Kind, Kordel zum zubinden.

Varianten:
Wenn Ihr die Kinder kennt und einschätzen könnt, können sie in Form eines Ritterturniers gegeneinander antreten.

Die Kinder können Tannenzapfen oder Hölzer auf oder durch ein Ziel werfen.

Tauziehen im Kreis

Alle Kinder stehen in einem Kreis und halten mit beiden Händen das Seil fest. Nun versucht jede das Seil zu ihrer Seite zu ziehen.

Materialien: 1x 10m Seil (z.B. Statikseil mit 2.500 kg Bruchlast)

Seilacht

Achterknoten in die Mitte eines 10m langen Seils binden.

Die Gruppe steht zur Hälfte hinter und zur anderen Hälfte vor einem Achterknoten im Seil. Dann nimmt jede das Seil auf. Jetzt soll der Knoten gelöst werden, ohne dass das Seil losgelassen wird.

Materialien: 1x 10m Seil

Hinweis: Für eine kleine Gruppe (4-6 Kinder).

Fangspiele

Fangspiele sind sehr beliebt und ermöglichen den Kindern sich auszutoben. Es gibt aber auch Kinder, die nicht so gerne fangen spielen, oft, weil sie nicht so schnell laufen können. Deshalb sind nachfolgend vorwiegend Fangspiele ausgewählt, die ein leichtes Ablösen ermöglichen.

Bei der Einführung sollte den Kindern immer gesagt werden, dass sie als Fängerin jederzeit sagen können „jetzt möchte ich eine Ablösung":

Des Weiteren können viele Fangspiele so gespielt werden, dass eine Fängerin ein Kind fängt und dann die Rolle nicht wechselt, sondern nun beide Fängerinnen sind und das Spiel so lange gespielt wird, bis alle gefangen sind.

Schnelle Hand

Die Fängerin streckt einen Arm aus, wobei die Handfläche nach oben zeigt. Die anderen Kinder legen jeweils einen Finger auf die Handfläche und stellen sich so, dass sie schnell weglaufen können.

Nun konzentrieren sich alle auf die Hand der Fängerin, denn sie entscheidet selbst, wann sie die Hand schließt. Sobald die anderen Kinder spüren, dass sie die Hand schließen wird, laufen sie schnell weg.

Meist gelingt es nicht, einen Finger in der Hand zu fangen und die Fängerin rennt nun den anderen Kindern hinterher um sie einzufangen, die allerdings noch in der Nähe sind.

Saustall

Jedes Kind läuft 3x um jedes andere Kind herum. Ein herrlich chaotisches Spiel, bei dem ein einzelnes Kind nicht im Fokus stehen muss.

Kettenlauf

Alle Kinder und die Spielleiterin bilden eine Reihe, in dem sie sich an den Händen halten. Die Spielleiterin ist Vorne. Sie läuft nun sehr langsam einen größeren Kreis. Je kleiner sie den Kreis zieht, desto schneller müssen die hinteren Kinder laufen.

Nach einigen Runden können die Kinder ihre Position verändern und entscheiden, ob sie schnell (hinten) oder etwas langsamer (vorne) laufen möchten. Natürlich kann auch ein Kind nun die Gruppe als Erste anführen.

Haus des Lebens

Dies ist eine beliebte Aktion am Ende eines Kurses und die Eltern werden dazu eingeladen, das Haus der Kinder zu besuchen und sich von ihnen verwöhnen zu lassen.

Die Kinder bauen ihr Wunschhaus zum Verwöhnen im Wald. Das „Haus" hat verschiedene „Zimmer" (Stationen) und das können zum Beispiel sein

- Moosbett zum entspannen
- Waldsofa zum reden
- Naturaltar zum erinnern
- Wunderwasser aus dem Bach
- Streicheläste am Massagebaum
- Feuerstelle (< unter Berücksichtigung der Sicherheitsaspekte!)

Entspannung

Die Kinder liegen auf dem Waldboden und sie genießen einfach den entspannten Aufenthalt in der Natur. Mal auf einem Moosfeld oder im Schnee zu liegen sind oft seltene Erfahrungen.

Wenn sich die Kinder bei leichtem Wind auf den Rücken legen und dabei ihren Kopf möglichst nahe an einen Baumstamm bringen, dann können sie ein erstaunliches Wipfel-Spiel beobachten.

Natürlich kann man den Kindern auch eine Entspannungsgeschichte vorlesen. Bei all diesen Angeboten müssen wir natürlich das Wetter berücksichtigen, damit die Kinder beispielsweise nicht auskühlen oder einen Sonnenbrand bekommen.

Materialien: ggf. Isomatten, Decken/Schlafsack

Wege des Vertrauens

Die Spiele können in eine Spielekette eingebunden sein oder als einzelnes Angebot gespielt werden, wenn die Gruppe sich schon etwas kennt. Die Vertrauensspiele haben eine steigende Intensität.

Blind führen

Die Kinder finden sich zu zweit zusammen. Ein Kind schließt die Augen und wird von einem sehenden Kind ca. 10 Minuten stumm geführt. Nach den 10 Minuten werden die Rollen gewechselt. Die Kinder entscheiden selbst, wie sie sich führen wollen, außer dass sie miteinander sprechen.

Die Kinder werden darauf aufmerksam gemacht, dass sie jetzt die Verantwortung für die Sicherheit des geführten, nicht sehenden Kindes haben. Sie müssen sich auf seine Möglichkeiten einstellen, gerade das Lauftempo ist viel höher, wenn man sehend ist.

Varianten:

Baum

Von einem Start- und Zielpunkt aus, wird das Kind mit den geschlossenen Augen zu einem Baum geführt, denn das führende Kind still ausgewählt hat. Dort hat das geführte Kind Zeit, diesen Baum mit seinen Sinnen (außer den Augen) kennen zu lernen. Dann wird es wieder zurückgeführt und kann nun sehend herausfinden, welchen Baum es gerade kennen gelernt hat.

Kamera

Das führende Kind wählt in den 10 Minuten hintereinander drei schöne An- oder Aussichten (schöne Blume etc.). Steht das Paar beispielsweise vor einem schönen Baum, machen sie jetzt ein Foto davon. Das Foto wird so gemacht, dass das geführte Kind vorsichtig am Ohrläppchen gezupft wird. Jetzt öffnet es für einen Sekundenbruchteil die Augen, das Foto ist gemacht. Die Kinder werden sich noch lange an ihre Fotos erinnern, deshalb ist es wichtig, dass wirklich schöne Motive ausgewählt werden.

V-Zirkel

Die Kinder bilden einen Kreis und fassen sich an den Händen. Sie gehen nun so weit auseinander, bis die Arme gestreckt sind.
Angefangen bei einem ersten Kind, lehnt sich jedes Zweite vorsichtig zurück und die Kinder dazwischen, vorsichtig nach vorne.

Dadurch lehnt nun abwechselnd ein Kind nach vorne und eines nach hinten. Die Gruppe stabilisiert sich so gegenseitig und jede kann für sich ausprobieren, wie weit sie sich herauslehnen möchte.

Variante:

Auf ein Zeichen wechseln alle gleichzeitig ihre Position in die andere Richtung.

V-Pendel

Die Kinder kommen zu dritt zusammen. Die drei Kinder stellen sich hintereinander, in eine Reihe.
Dass erste und das dritte Kind (die beiden Äußeren) stehen so, dass sie sich anschauen können. Dann gehen sie in eine stabile Schrittstellung und haben ihre Arme auffangbereit vor dem Körper.

Das mittlere Kind kreuzt ihre Arme vor der Brust (gegenüberliegendes Schulterblatt fassen), baut Körperspannung auf und lässt sich nun langsam nach vorne kippen. Dabei bleiben die Füße wie fest verwurzelt auf dem Boden.

Das Kind, auf das das Kind zu schwingt, nimmt sie mit gestreckten Armen entgegen, indem es das Kind vorsichtig an den Schultern auffängt. Dann führt sie das mittlere Kind sanft in die Mitte zurück, in Richtung des dritten Kindes. So entsteht eine fließende Pendelbewegung des mittleren Kindes.

Das Kind in der Mitte sagt, ob die Pendelbewegung genau richtig ist, oder geringer bzw. größer werden soll.

V-Pendelkreis

Alle Kinder bilden einen engen Kreis. Ein Kind begibt sich in den Kreis, baut Körperspannung auf und verschränkt die Arme vor ihrer Brust wie beim V-Pendel. Die Füße des Kindes bleiben wieder wie fest verwurzelt auf dem Boden.

Die Kinder im Kreis gehen wieder in eine stabile Schrittstellung und auffangbereiten Armen. Nachdem das mittlere Kind sich nach vorne, auf einen Sichernden im Kreis, kippen lässt, wird es dort vorsichtig aufgefangen und wieder zurückgeführt. Die Gruppe kann das Kind pendelartig und in unterschiedlichen Tempo hin und her bewegen. Die Intensität und Dauer bestimmt das Kind in der Mitte.

V-Lauf

Alle Kinder bilden eine Gasse, in der sich immer zwei Kinder gegenüberstehen.
Sie strecken ihre Arme nach vorne aus, bis sie die Fingerspitzen des Kindes gegenüber berühren, jetzt haben sie den richtigen Abstand in der Gasse.

Ein Kind stellt sich einige Meter vor diese Gasse und läuft nun mit offenen Augen, im für sie angemessenen Tempo, durch die Gasse. Die sich gegenüberstehenden Kinder ziehen erst im allerletzten Moment vor dem durchlaufenden Kind die Arme nach oben weg und geben so die Gasse frei.

V-Seilbrücke

Die Gruppe bildet eine Gasse. Die beiden Kinder am Anfang der Gasse erhalten die Seilmitte und geben das Seil schräg gegenüber weiter, so dass am Ende der Gasse die beiden Seilenden ankommen. Das Sei hat nun lauter X zwischen den Kindern gebildet, die das Seil in Hüfthöhe festhalten. Nun kann ein Kind am Anfang der Gasse auf das Seil steigen und vorsichtig über die X-e zum Ende der Gasse balancieren.

Materialien: 1 langes Seil.

V-Flug (Adler)

Ein Kind liegt auf dem Boden. An ihren Körperlängsseiten knien ganz dicht die übrigen Kinder. Das Kind liegt auf dem Bauch und legt die Arme so, dass die Hände unter ihrer Stirn ruhen.

Alle Kinder legen ihre Hände flach auf das liegende Kind und erzeugen ca. 2 Minuten Druck auf ihren Körper. Das liegende Kind nutzt diesen Druck um selbst Körperspannung aufzubauen.

Auf ein Zeichen fassen alle zügig unter die Liegende und heben sie im Knien gleichzeitig auf ihre Kopfhöhe. Nach einigen Sekunden des Schwebens lassen alle gleichzeitig das Kind wieder zu Boden.

Druck erzeugt Gegendruck – durch den aufgebauten Druck und die Erdanziehungskraft, wird die Liegende fast automatisch Körperspannung erzeugen. Es ist daher für die Gruppe leicht, dieses Kind kurz hochzuheben.

Die Kinder, die das liegende Kind im Brust- und Hüftbereich anfassen, sollten das gleiche Geschlecht haben.

V-Fall

Zur Vorbereitung benötigen wir einen stabilen Baumstumpf oder ähnliches (Parkbank) in ca. 1m Höhe und groß genug, dass darauf ein Kind sicher und stabil stehen kann. Alle Kinder legen ihre Uhren, Brillen und Schmuck ab.

Bis auf zwei Kinder bildet die Gruppe eine enge Gasse, direkt vom Baumstumpf ausgehend. Dabei sind mindestens fünf Kinder auf jeder Seite.

Alle Kinder halten die Arme im rechten Winkel und die Handflächen zeigen zum Himmel.

Abwechselnd werden die Arme wie ein Reißverschluss positioniert: Erst der rechte Arm eines Kindes, dann der linke Arm des Kindes gegenüber, immer weiter im Wechsel der Seiten. Die Fingerspitzen reichen dabei bis zum Ellbogen des Kindes gegenüber.

Gleich wird sich ein Kind auf die Unterarmgasse fallen lassen.

Die Kinder in der Gasse können also nicht nur die Arme hinhalten, sie müssen auch Kraft aufbauen, damit sie das aktive Kind auffangen können.

Dabei haben alle einen sicheren Stand. Am geeignetsten ist auch hier eine kleine Schrittstellung mit leicht gebeugten Knien.

Es ist wichtig, dass die Kinder in der Gasse Schulter an Schulter, also recht eng zusammenstehen. Wenn die Gasse aufgebaut ist, steigt ein Kind auf den Baumstumpf und stellt sich mit dem Rücken zur Gasse. Ein zweites Kind hilft dabei.

Dieses helfende Kind kontrolliert auch die Ausrichtung der Gasse, so dass das aktive Kind sich gleich rückwärts in die Arme fallen lassen kann.

Das aktive Kind muss unbedingt Körperspannung aufbauen, d.h. Bauch- und Gesäßmuskeln anspannen und leicht ins Hohlkreuz gehen.

Dann streckt sie einen Arm nach oben und den zweiten Arm winkelt sie hinter dem Kopf ab, um damit den Ellenbogen des gestreckten Arms festzuhalten. Jetzt kann der gestreckte Arm nicht ausschlagen und der abgewinkelte Arm schützt den Hinterkopf.

Hilfreich für das aktive Kind ist die Vorstellung, mit dem gestreckten Arm zuerst auf den Armen der Gasse zu landen und sich somit als ganzes, festes Brett nach hinten fallen zu lassen.

Gibt das aktive Kind das abgesprochene Signal („Seid ihr bereit?!"), konzentrieren sich die Sichernden, nehmen leicht die Köpfe zurück und antworten lautstark („Ja!").

Ist das Kind in den Armen der Gruppe angekommen, wird sie schweigend noch etwas gehalten und vorsichtig zuerst an den Beinen zu Boden gelassen. Dabei sind der Kopf und die Schultern solange zu halten, bis das Kind wieder richtig steht.

Das Kind kann sich nun ausruhen und das nächste Kind aufgrund seiner Erfahrung begleiten. Es kann dann Tipps geben wie „Körperspannung halten, gerade fallen lassen, Arm festhalten" usw.

Vergesst bitte gerade bei dieser Aufgabe nicht, dass es sich um eine sehr persönliche Einschätzung handelt. In der Erlebnispädagogik gibt es dazu das Credo „Challenge by Choice", also „Herausforderung bei freier Wahl".

Wenn sich ein Kind entscheidet es heute, hier und jetzt nicht zu tun, ist es wichtig auch diese Entscheidung vor der Gruppe zu würdigen und honorieren.

Der Boden muss gerade und ohne Gegenstände (Baumstumpf, Äste, etc.) sein. Die Kinder an zweiter und dritter Stelle der Gasse, die das Gesäß auffangen, werden meist etwas mehr Gewicht zu halten haben, als die anderen Kinder. Eine konzentrierte Gruppe kann jedes Kind auffangen und halten.

Spürsinn

Die Kinder stehen in einem engen Kreis, mit einem knappen Meter Abstand und ein Kind steht außer Hörweite.

Die Kinder im Kreis besprechen, zwischen welchen zwei Kindern ein „gedachter" Ausgang sein soll. Die beiden Kinder links und rechts vom gedachten Ausgang, denken gleich „hier links bzw. hier rechts ist offen". Alle anderen Kinder werden denken „Hier ist zu".

Das abseitsstehende Kind wird heran gebeten und geht in die Kreismitte. Es soll nun erspüren, wo der gedachte Ausgang ist und durch diesen Ausgang den Kreis verlassen. Die Kinder in der Mitte setzen keine Mimik, Gestik oder Sprache ein, nur die Kraft ihrer Gedanken. Es ist hilfreich, wenn alle ganz leise sind und das Kind in der Mitte sich Zeit nimmt und auf ihre Intuition vertraut.

Hat es eine Entscheidung getroffen, macht es vorsichtig einen Schritt auf diese Lücke zu. Ist es die richtige Lücke, kann es den Kreis verlassen. Ist es nicht der Ausgang, strecken die Kinder links und rechts stumm den Arm aus, um die Lücke zu sperren.

Das Kind in der Mitte darf den anderen Kindern in die Augen schauen aber nicht sprechen. Fast immer erahnt das Kind in der Mitte den Ausgang, wenn es sich Zeit lässt zu spüren. Manchmal ist es so, dass das Kind zunächst durch den gedachten Ausgang den Kreis verlassen wollte, sich aber dann doch für eine andere Stelle entscheidet. Ihre erste Wahl und Intuition war also auch richtig.

Samu / Goofie

Alle Kinder bewegen sich mit geschlossenen Augen vorsichtig in einem vorher abgesprochenen Gebiet.

Die Spielleiterin erwählt dann einen Kind und flüstert ihr zu „Du bist Samu". Samu kann nun wieder die Augen öffnen, darf aber nicht sprechen.

Die anderen Kind suchen mit geschlossenen Augen nach Samu und dürfen dabei nur das Wort Samu rufen. Begegnen sie einem anderen Kind, dann fragen sie „Samu?". Fragt dieses andere Kind auch nach Samu, haben sie Samu noch nicht gefunden und suchen weiter.

Bekommt ein Kind keine Antwort, hat sie Samu gefunden, die ja nicht sprechen darf. Sogleich wird dieses Kind auch zu Samu, d.h. stumm aber sehend reichen sich die beiden Samus die Hände. So entsteht eine immer längere Samu-Reihe, bis am Ende jede zu Samu wurde.
In manchen Regionen heißt „Samu", auch „Goofie" ☺

Solo-Zeit

Jede sucht sich einen besonderen Ort in der Natur, an dem sie sich wohl fühlt und erholt. Diesen Ort kann sie immer wieder aufsuchen und dort auftanken. Niemand anderer muss diesen Ort kennen.

Wenn wir uns dort in einem entspannten Moment aufhalten und innerlich einstimmen, können wir in stressigen Zeiten diesen Ort aufsuchen und uns dort wieder erden.

Dieser Ort wird so zu unserem persönlichen Kraftort.

Waldbaden

„Ich ging im Walde so vor mich hin und nichts zu suchen, das war mein Sinn".
J.W. Goethe

Bei den folgenden Achtsamkeitsübungen im Wald ist es das Ziel, was ich mit meinen Sinnen spüren und wahrnehmen kann ohne es zu bewerten, nur staunen und genießen. Es geht auch nicht darum, einzelne Übungen abzuarbeiten und wie immer gilt der erlebnispädagogische Grundsatz „challenge by choice" (Herausforderung bei freier Wahl). Wir gehen auf einem Rundkurs durch einen Wald, wo wir ungestört sind und werden immer wieder kleine Stopps mit Einladungen zu einer Übung einlegen.

Garderobe
Nachdem wir etwas in den Wald gegangen sind machen wir einen ersten Halt. Die Kinder können ihren Rucksack ablegen, weil wir einige Zeit an diesem Ort verweilen werden. Sie suchen sich dann, jede für sich, einen Baum aus, an dem sie ihren „seelischen" Rucksack abgeben oder ihren „Mantel der Last" abgeben können. Das bedeutet, dass jede für sich einen Baum sucht und dort ihre „imaginäre" Garderobe abgibt. Sie kann sich dabei vorstellen, was alles in diesem Rucksack ist, den sie mit sich herumträgt. Nach dem Waldbaden kommen wir wieder an diesen Ort zurück und wer möchte, kann dann seinen „Ballast" wieder mitnehmen (was nicht vorkommen wird). Jetzt im Wald brauchen wir diese Belastungen nicht. Wenn die Kinder wieder zum Treffpunkt kommen, klopfen wir den Körper von oben bis unten mit den Händen aus, damit wirklich alles hierbleibt, was wir jetzt nicht brauchen.

Atemübung
Wir wiederholen eine einfache Atemübung (Nase ein, kurze Pause, Mund aus, kurze Pause, usw.). Wer möchte, kann beim ausatmen wie ein Gorilla auf seinen Brustkorb klopfen, um auch die letzte alte Luft aus den Lungen zu bekommen.

Lauschen
Wie viele Geräusche kann ich wahrnehmen? Sind sie unterschiedlich laut? Eher in der Ferne oder in der Nähe? Eher über oder unter mir?

Sehen

Welche Farben und Formen kann ich entdecken? Was ist hell und was ist dunkel? Was entdecke ich in der Nähe und was in der Ferne?
Es ist unterstützend den Kindern ein Passepartout zu geben, durch das sie den Wald „aufnehmen" können.

Indianergang

Gehe möglichst lautlos und beobachte Dich dabei. Was fühlst Du unter Deinen Füßen? Wie verändert sich Dein Körperschwerpunkt beim Gehen? Probiere es auch mal rückwärts, seitwärts, auf verschiedenen Untergründen und vergesse dabei nicht zu atmen. Magst Du einen Schuh ausziehen und den Unterschied spüren? Magst Du beide Schuhe ausziehen? Wenn Du möchtest, kannst Du barfuß gehen, solange Du willst.

Fühlen

Was fühlt sich warm oder kühl an? Was hart oder weich? Spitz oder stumpf? Flauschig oder stachelig? Was ist das Kleinste, das Du fühlen kannst? Was ist noch kleiner?

Riechen

Welche Gerüche kannst Du wahrnehmen. Verändert sich ein Geruch, wenn Du den Gegenstand mit den Fingern zerreibst?

Waldpause

Jedes Kind sucht sich einen schönen Platz, wo es für ca. 20 – 30 Minuten sein möchte. Alle vorangegangenen Sinnesübungen die wir einzeln auf dem Weg ausprobiert haben, können wir jetzt an diesem Ort nachspüren (Sehen, Hören, Fühlen, Riechen) Jedes Kind für sich.

Jüngeren Kindern hilft es, wenn sie dabei eine konkrete Aufgabe haben. Sie können zum Beispiel etwas dabei Gestalten. Für Jugendliche kann es hilfreich sein, sich mit einer Frage zurück zu ziehen. Sie können „dem Baum in ihrer Nähe" ihre Frage stellen und in sich hineinhorchen, ob sie eine Antwort erhalten.

Abschluss

Eine kleine Atemübung wie zu Beginn, direkt an einem Baum, um möglichst viele Terpene einatmen zu können.

Materialien: Passepartouts, kleine Handtücher um die Füße säubern zu können, Sitzmatten
Zeitumfang: ca. 3 Stunden

Reflektionen

Auch in den Austauschrunden gilt natürlich das Prinzip der Freiwilligkeit und dass jede Antwort wertgeschätzt wird, auch die „Heute sage ich nichts".

In der Erlebnispädagogik gibt es verschiedene Reflektionsmodelle. Es begann mit „Die Berge sprechen für sich", das bedeutet, dass wir die gemachte Erfahrung wirken lassen und darauf vertrauen, dass sich jedes Kind ihren persönlichen Erkenntnisgewinn persönlich daraus holen wird. Das Modell hat immer noch seine volle Berechtigung. Es gab in der Folge weitere Modelle, die vor allem die verbale Reflektion in den Mittelpunkt stellen, wie zum Beispiel „Aktion & Reflektion". Das bedeutet, dass unmittelbar nach der gemachten Erfahrung darüber gesprochen wird. Auch dieses Modell hat seine volle Berechtigung. Reflektionen sollen immer eine Einladung zu Rückschau und Austausch sein, was für viele Kinder hilfreich sein kann - aber nie zum Selbstzweck durchgeführt werden und immer freiwillig sein.

Stopp & Go im Schulterkreis

Alle Kinder bilden einen Kreis und legen die Arme auf die Schultern des Kindes neben sich. Dann bewegt sich der Kreis in kleinen Schritten in eine Richtung. Wenn jemand etwas sagen möchte, ruft er „STOPP!". Alle bleiben stehen und das Kind sagt, was es möchte. Wenn es zu Ende gesprochen hat, sagt es „GO" und der Kreis bewegt sich weiter, bis die Nächste etwas sagen möchte.
Gibt es keinen Gesprächsbedarf mehr, beendet die Spielleiterin das Spiel. Dazu ermuntert sie alle Kinder, ihren Nachbarinnen als Dank für den Austausch auf die Schulter zu klopfen (so erhalten alle gleichzeitig eine aufmunternde Bestätigung).

Gasse des Erfolgs / Diamant des Tages
Die Kinder bilden eine Gasse. Jede die möchte, stellt sich an den Anfang der Gasse und sagt, was ihr an diesem Tag besonders wichtig war, was sie für sich erfahren hat. Dann geht sie in ihrem Tempo durch die Gasse und wird von den anderen bejubelt und beglückwünscht.

Brief an mich selbst

Eine persönliche Reflektion ist der Brief an mich selbst.

Jede schreibt sich selbst einen Brief mit Erkenntnissen aus dem Treffen und steckt diese Zeilen in einen an sich adressierten Umschlag, klebt ihn zu und gibt ihn der Leiterin.

Die Spielleiterin schickt die Briefe nach 6 Wochen zu.

Varianten:
Jede schreibt einen Brief an eine liebe Person, mit Dingen, die sie ihr mitteilen möchte.
Lebenden Menschen wird dieser Brief direkt zugeschickt.

Für verstorbene Menschen kann der Brief zum Beispiel dem Feuer übergeben werden.
So kann der Inhalt durch den Rauch in den Himmel aufsteigen.

Lagerfeuer mögen die Kinder oft sehr gerne. Am Lagerfeuer (Grillstelle mieten) können wir uns dann bei einem „Stockbrot" auch austauschen. Für ein Stockbrot besorgen wir Teig für schnell aufbackende Brötchen und wickeln diesen um die Spitze eines Stocks. Dann hält man den Stock über das Feuer, aber nicht zu nahe, damit der Teig nicht verkohlt.

Materialien: Stifte, Blätter, Umschläge, Feuerschale/Lagerfeuer, Streichhölzer
Aufbackbrötchen,

Stein & Feder
Der Stein steht für das Schwere und die Feder für das Leichte. Die beiden Gegenstände werden der Reihe nach weitergegeben und jede die möchte erzählt, was für sie schwer war und was für sie leicht war. Sei es beim Treffen, im Alltag seit dem letzten Treffen oder was sie bis zum nächsten Treffen erwartet.

Materialien: Stein und Feder

Wollknäul/Netz

Die Leiterin beginnt mit einer Aussage (denn, wenn wir etwas von Anderen verlangen, sollten wir selbst beginnen), hält das Ende der Wolle fest und wirft das Knäul einem Kind zu. Dieses kann etwas sagen oder nicht und wirft das Knäul einem anderen Kind zu. So entsteht allmählich ein Netz, dass sichtbar alle Kinder miteinander verbindet.

Materialien: Wollknäul

Waldmikrophon

Manchen Kindern fällt es leichter über sich zu sprechen, wenn sie etwas in der Hand halten. Ein Wald-Mikrophon kann man sehr gut herstellen, in dem man einen Tannenzapfen auf einen Stock anbringt.

Walk & Talk
Wir haben einen zentralen Treffpunkt im Wald. Von hier starten immer zwei Kinder oder ein Kind und die Leiterin, zu einer kleinen Runde durch den Wald. Auf dieser

Runde können sich die Beiden austauschen. Zurück am Treffpunkt suchen sich beide eine neue Gesprächspartnerin, so dass jede die Möglichkeit hatte, sich mit jedem auszutauschen.

Ge(h)spräch

Dies ist ein Gespräch beim Spaziergang, beispielsweise mit den Eltern, die nach dem Kurs gerne einen Austausch mit der Leiterin (und ihrem Kind) haben möchten. Selbstverständlich bleibt Vertrauliches aus der Begleitung hier vertraulich.

Quellen

„New Games"
Band 1, Band 2 und Best of New Games

„Abenteuer- und Erlebnissport"
„Spiele spielen"
Praxishilfen der Sportjugend NRW

„Praktische Erlebnispädagogik"
Band 1 und Band 2
Annette Reiners

„Kooperative Abenteuerspiele"
Band 1, 2 und Band 3
Rüdiger Gilsdorf

Literaturhinweise

„Erlebnisse in Zeiten der Trauer" von Dagmar Hagmann & Hans-Georg Renner in
„Einsam und gemeinsam … sich und Menschen begegnen!" Ziel Verlag, 2012.

„Erlebnispädagogik in der Kinderhospizarbeit"
Zeitschrift für Erlebnispädagogik, Heft 2/2007

„Mit trauernden Jungen Berge versetzen"
Zeitschrift für Erlebnispädagogik, Heft 4/2009
Ausgezeichnet mit dem Preis „erleben & lernen".

Webseite

https://waldmobil.jimdosite.com/
(u.a. Fortbildungen zu „Spiel- und Erlebnispädagogik für trauernde Kinder"
und „Bau mobiler Niedrigseilgärten" (Seiltechniken/Baumhaus bauen usw.)